Princesse Lédéga

Nathalie Dieterlé, née en 1966 au Ghana, vit à Paris. Elle est diplômée de l'école des arts décoratifs de Strasbourg. Les jeunes lecteurs apprécient particulièrement son humour ainsi que son univers graphique voisin de la bande dessinée.

Nathalie Dieterlé

Princesse Lédéga

POCKET

Pour Manue

Loi n°49-956 du 16 juillet 1949
sur les publications destinées à la jeunesse : janvier 1996.

ISBN : 2-266-07064-9
Dépôt légal : janvier 1996
Imprimé en France par Pollina, 85400 Luçon - n° 68760 - A

Il était une fois une princesse qui passait son temps à faire des bêtises. Ses parents l'appelaient la princesse Lédéga.

Le jour de ses cinq ans, le roi-son-père et la reine-sa-mère lui dirent :

— Aujourd'hui tu as cinq ans. Tu es une grande fille. Maintenant tu as passé l'âge des bêtises.

Le lendemain, la princesse se mit à la peinture...

— Princesse Lédéga !
Vous êtes incorrigible ! gronda
la reine-sa-mère en accourant.

Et la reine s'énerva...

s'énerva
tellement...

qu'elle se mit à ressembler...

... À UN MONSTRE !

La princesse courut se cacher. Quand elle revint, la reine avait repris son aspect normal.

Le lendemain, la princesse se mit à la couture...

— Princesse Lédéga !
cria la reine-sa-mère.

Vous êtes insupportable !

La princesse courut se cacher.
Quand elle revint, la reine avait
repris son aspect normal.

Le lendemain, la princesse se mit à la coiffure...

— Princesse Lédéga !
Vous dépassez les bornes !
hurla le monstre.

Disparaissez dans votre chambre et n'en sortez plus jusqu'à nouvel ordre !

— Ce n'est pas juste, pesta la princesse. Je n'ai même pas le droit de m'amuser !

J’en ai assez, assez de ce château
et de ce monstre ! Je m’en vais !

Dès la tombée de la nuit, elle se
mit bravement en route.

Ce n'était pas le courage qui lui manquait,

mais on a beau être une princesse
très, très audacieuse,

certaines fois il vaut mieux...

... rebrousser chemin.

Tout à coup ...

La princesse était si contente de retrouver son château qu'elle promit de ne plus faire de bêtises. C'était tellement agréable d'être assise entre son papa et sa maman,

si tranquillement et si sagement...